Déogratias Mirindi

Onze habitudes pour briser les murs de la pauvreté

Déogratias Mirindi

Onze habitudes pour briser les murs de la pauvreté

Motivation chrétienne

Éditions Croix du Salut

Imprint

Cover image: www.ingimage.com

Publisher:
Éditions Croix du Salut
is a trademark of
Dodo Books Indian Ocean Ltd. and OmniScriptum S.R.L publishing group

120 High Road, East Finchley, London, N2 9ED, United Kingdom
Str. Armeneasca 28/1, office 1, Chisinau MD-2012, Republic of Moldova, Europe
Printed at: see last page
ISBN: 978-620-6-16802-7

INTRODUCTION

Ce livre se veut une source d'inspiration et de motivation pour les chrétiens qui souhaitent s'éloigner de la pauvreté. Bien qu'il ne prétende pas être un livre scientifique ni enseigner les techniques de création de richesses, il s'appuie sur un certain nombre de principes bibliques pour présenter des habitudes bénéfiques.

L'auteur reconnaît que la richesse matérielle n'est pas la finalité ultime, mais il souligne que la pauvreté peut être un fardeau qui entrave le développement spirituel et empêche l'accomplissement de la volonté divine. Ainsi, il encourage les lecteurs à adopter des pratiques qui les aideront à sortir de la pauvreté et à vivre une vie plus épanouissante sur le plan matériel et spirituel.

Les principes bibliques sont utilisés comme guide pour orienter les lecteurs vers des habitudes saines. Par exemple, la gestion responsable des ressources est encouragée, en s'appuyant sur le principe de la parabole des talents, où Jésus enseigne l'importance d'utiliser les dons et les ressources de manière fructueuse. La discipline financière est également mise en avant, en invitant les lecteurs à être prudents dans leurs dépenses, à éviter les dettes excessives et à faire preuve de générosité envers les autres.

Le livre souligne également l'importance de la sagesse et du discernement dans les prises de décision financières. Il encourage les lecteurs à rechercher la volonté de Dieu et à prendre des décisions basées sur des principes moraux élevés, plutôt que de se laisser guider par des influences matérialistes.

Bien que ce livre ne prétende pas résoudre tous les problèmes financiers des lecteurs, il vise à offrir une approche chrétienne de la prospérité. Il encourage les lecteurs à se tourner vers Dieu pour obtenir guidance et soutien dans leur quête de sortir de la pauvreté, en prenant en compte les principes bibliques pour les guider dans leurs choix et actions.

Ce livre de motivation chrétienne se présente comme un outil d'inspiration et de conseil pour aider les chrétiens à adopter de bonnes habitudes qui les éloigneront de la pauvreté, en accord avec les principes bibliques.

1. L'AMOUR DU SOMMEIL

‘‘‘ Un peu de sommeil, un peu d’assoupissement, un peu croiser les mains pour dormir !... Et la pauvrette te surprendra comme, un rodeur, et la disette, comme un homme en armes.’’’

Proverbes 6 :10 voir Proverbes 20 :13

Le sommeil physique est essentiel pour maintenir une bonne santé et restaurer notre corps après une journée d'activités. Il permet de recharger nos batteries et de réparer les tissus endommagés. Cependant, si nous passons trop de temps à dormir, nous risquons de négliger nos engagements quotidiens et de manquer les occasions de progresser.

Le sommeil spirituel, quant à lui, se réfère à notre épanouissement intérieur et à notre connexion avec notre moi le plus profond. Il peut être obtenu à travers la méditation, la prière, la lecture de textes inspirants ou tout autre mode de réflexion. Si nous passons tout notre temps libre à nous immerger dans des activités superficielles, nous perdons l'occasion de nous connaître et de nous développer sur un plan plus profond.

En se réveillant, tant physiquement que spirituellement, on prend également conscience des opportunités et des possibilités d'amélioration qui s'offrent à nous. On est plus ouvert aux rencontres, aux nouvelles idées et aux changements nécessaires. Le sommeil excessif nous maintient dans une bulle de confort, où on peut se protéger des défis et des incertitudes de la vie. Cependant, c'est justement en sortant de cette zone de confort que l'on peut grandir et atteindre notre plein potentiel.

Il est donc crucial de trouver un équilibre entre le sommeil et l'éveil, entre le repos et l'activité. En accordant à notre corps et à notre esprit le temps nécessaire pour se reposer et se ressourcer, nous serons plus en mesure de faire face aux défis de la vie et d'atteindre nos objectifs. Il est important de ne pas laisser le sommeil devenir une échappatoire ou une excuse pour éviter les responsabilités et les difficultés de la vie.

Le sommeil joue un rôle essentiel dans notre développement personnel, à la fois sur le plan physique et spirituel. Cependant, il est important de ne pas en abuser et de trouver un équilibre entre le repos et l'activité. En restant conscients de notre environnement, en travaillant dur et en continuant à réfléchir sur la vie, nous maximiserons notre potentiel et saisirons toutes les opportunités qui se présentent à nous.

L’amour du sommeil est l’un des premiers éléments qui justifie l’écart entre les riches et les pauvres. Plus une personne aime le sommeil moins elle a le temps de travailler, de se faire un bon cercle, de réfléchir sur la vie car le sommeil est le meilleur distracteur qui puisse exister. Vous pensez que chaque fois que vous dormez tout le monde dort ? Il y a toujours ceux qui restent éveiller, en train de préparer leur avenir pendant que d’autres sont dans leur paradis de rêves : le lit. C’est pourquoi la Bible nous dit : n’aime pas le sommeil, de peur que tu ne deviennes pauvre ; Dieu a su qu’en ayant l’amour du sommeil, on risque de perdre certaines opportunités puisque l'on est déphasé de ce qui se passe autour de nous.

L'amour du sommeil joue un rôle important dans la création d'un écart entre les riches et les pauvres. Les personnes qui adorent dormir ont moins de temps pour travailler et se construire un bon cercle social. En consacrant de longues heures au sommeil, ils ont moins l'occasion de réfléchir sur les aspects importants de la vie, tels que la création d'une carrière stable ou l'élaboration de projets futurs. Il est indéniable que le sommeil représente une évasion idéale et apporte un réconfort sans pareil. Néanmoins, cette façon de se déconnecter du monde présent constitue aussi un distracteur par excellence.

Peut-être que vous pensez que tout le monde dort pendant que vous le faites, mais cela n'est pas toujours le cas. Pendant que certains demeurent éveillés à préparer leur avenir, d'autres se trouvent dans le monde merveilleux de leurs rêves blottis dans leur lit. Cette réalité peut sembler frustrante pour ceux qui se laissent emporter par leur amour pour le sommeil, car ils risquent de manquer des occasions précieuses. En choisissant de trop dormir, il est possible de se déconnecter de ce qui se passe autour de nous.

2. LE TRAVAIL

“‘Nous n’avons mangé gratuitement le pain de personne ; mais, dans le travail et dans la peine, nous avons été nuit et jour à l’œuvre pour être à charge à aucun de vous ... car ; lorsque nous étions chez vous ; nous vous disions expressément : si quelqu’un ne veut pas travailler ; qu’il ne mange pas non plus’”

2 Thessaloniciens 3 : 8 ; 10

Le travail apporte également l'indépendance financière. En travaillant dur, nous sommes en mesure de subvenir à nos besoins et à ceux de nos familles. Sans travail, nous serions dépendants des autres pour notre subsistance, ce qui pourrait entraîner un sentiment d'infériorité et de frustration. En travaillant, nous pouvons choisir notre propre destin et réaliser nos rêves.

Il est indéniable que le travail est essentiel pour atteindre l'indépendance et le succès dans la vie. Certaines personnes peuvent être tentées de rechercher la grandeur sans fournir les efforts nécessaires, mais cela est souvent voué à l'échec. Comme l'affirme Bernard Dadié, il faut travailler pour devenir indépendant.

Le travail est également essentiel pour le succès dans la vie. Que ce soit dans notre carrière, nos relations ou nos objectifs personnels, le travail acharné est souvent la clé du succès. Les personnes qui réussissent sont rarement celles qui se contentent de rester assises et d'attendre que les opportunités leur tombent dessus. Elles sont au contraire proactives, persévérantes et prêtes à faire les sacrifices nécessaires pour atteindre leurs objectifs.

Cependant, il est important de trouver un équilibre entre le travail et la vie personnelle. Le travail ne devrait pas être tout ce qui définit notre identité et notre bonheur. Il est important de prendre du temps pour se reposer, se détendre et profiter des choses simples de la vie. Le travail ne devrait pas non plus être une excuse pour négliger nos relations et nos responsabilités envers les autres.

Le travail est essentiel pour atteindre l'indépendance et le succès dans la vie. Il nous permet de devenir indépendants financièrement, de réaliser nos rêves et de prendre notre destin en main. Cependant, il est important de trouver un équilibre entre le travail et la vie personnelle, afin de ne pas sacrifier notre bonheur et nos relations pour la réussite professionnelle. Travailler dur est une valeur importante, mais il est tout aussi essentiel de prendre du temps pour soi et pour ceux qui nous entourent.

3. SAISIR LES OPPORTUNITÉS

‘‘‘Après cela, Paul partit d’Athènes, et se rendit à Corinthe … Il se lia avec eux ; et comme il avait le même métier, il demeura chez eux et y travailla : ils étaient faiseurs de tentes. ’’’

Acte des apôtres 18 : 1-3

Vous pensez que les grands naissent grands ? Que les grands n’ont pas été petits ? C’est faux et très faux. Tous les grands voyages débutent par un pas. Après chaque pas, on crée un écart du point de départ et on se rapproche par la même occasion de la noblesse dans ses entreprises.

Je peux vous jurer qu’il y a une différence où il y a zéro et où il y a un. Les travaux que l’on considère petits peuvent apporter beaucoup dans la vie. Cessez de vous plaindre contre le gouvernement, la chance, la famille, les amis, les riches, les ONG, etc. Exploitez les opportunités, même les plus petites.

Paul, lui, n’avait pas regardé tout ce qu’il avait appris chez Gamaliel, il se contentait d’être tisserand, un faiseur de tentes. C’est qui est intéressant chez Paul est qu’il n’avait jamais été une charge pour aucune des églises qu’il a visité, il arrivait à se prendre en charge dans tous ses voyages bien qu’il était faiseur des tentes. Si vous étiez à la place de Moïse quand Dieu lui avait demandé ce qu’il avait dans sa main, ne me dites pas que vous iriez répondre que vous n’aviez rien pourtant vous aviez un bâton ? Ce que l’on considère petit est suffisamment grand pour l’exploiter et en faire des exploits.

Cependant la Bible nous rappelle également que toutes les opportunités ne sont pas bonnes pour nous. Dans l'Épître aux Corinthiens, il est dit que "tout m'est permis, mais tout n'est pas utile ; tout m'est permis, mais je ne me laisserai pas dominer par quoi que ce soit". Cela signifie que nous devons faire preuve de discernement et de sagesse dans le choix des opportunités que nous saisissons, en évitant celles qui pourraient nous éloigner de Dieu ou de notre véritable destinée.

Un autre enseignement biblique sur les opportunités se trouve dans le livre des Proverbes. Il est dit : "L'opportunité ratée ne revient pas" et "le moment propice est passé". Ces versets nous exhortent à être diligents et à ne pas laisser passer les opportunités qui se présentent à nous. La vie est courte et les occasions de faire le bien ou de réaliser nos rêves peuvent être éphémères, il est donc important de les saisir quand elles se présentent.

De plus, la Bible nous encourage à saisir les opportunités avec courage et confiance. Dans l'Épître aux Hébreux, il est écrit : "Ne rejetez donc pas votre assurance, qui a une grande rémunération ; car vous avez besoin de persévérance, afin qu'après avoir accompli la volonté de Dieu, vous obteniez ce qui vous est promis". Cela signifie que même si saisir une opportunité peut sembler effrayant ou incertain, nous devons avoir confiance en Dieu et en sa promesse de nous récompenser lorsque nous agissons en conformité avec sa volonté.

La Bible nous encourage à saisir les opportunités qui se présentent à nous, en restant attentifs à la volonté de Dieu et en faisant preuve de discernement. Elle nous rappelle que les opportunités peuvent être éphémères et qu'il est important de ne pas laisser passer celles qui sont en accord avec notre véritable destinée. Que nous soyons encouragés par l'histoire de Joseph ou par les enseignements des Proverbes, la Bible nous exhorte à saisir les opportunités avec courage et confiance, sachant que Dieu nous récompensera lorsque nous agissons en accord avec sa volonté.

4. BONNE GESTION FINANCIÈRE

"'Lorsqu'il eut tout dépensé, une famine survint dans ce pays, et il commença à se trouver dans le besoin"'

Luc 15 : 14

La gestion financière est une compétence clé dans la vie quotidienne et est également d'une grande importance pour la réussite financière de chaque individu. La Bible aborde fréquemment le sujet de la gestion de l'argent et enseigne aux croyants comment gérer leurs ressources de manière responsable. Elle souligne que la mauvaise gestion financière peut entraîner des conséquences négatives telles que la pauvreté, les dettes et les difficultés financières.

La première leçon que l'on peut tirer des enseignements bibliques est de savoir dépenser son argent uniquement pour ce dont on a réellement besoin. Trop souvent, les gens sont tentés de dépenser leur argent pour des choses superflues et futiles, simplement pour le plaisir de dépenser. Cette attitude insouciante et irresponsable peut rapidement conduire à des difficultés financières et à un manque de ressources pour les choses essentielles.

Un exemple concret d'une bonne gestion financière que l'on trouve dans la Bible est l'histoire de Jésus multipliant les pains et les poissons pour nourrir une foule de personnes affamées. Après que tous aient été nourris, Jésus a ordonné à ses disciples de rassembler les restes plutôt que de les jeter. Cela nous montre qu'il est important de ne pas gaspiller nos ressources, même lorsque nous sommes dans l'abondance. La prudence et la sagesse dans l'utilisation de nos ressources peuvent nous aider à prévenir le gaspillage et à maximiser leur utilisation.

La mauvaise gestion financière peut également se manifester par des comportements tels que l'ostentation et la générosité mal placée. Certaines personnes dépensent inutilement leur argent pour impressionner les autres et se faire valoir. D'autres donnent sans discernement, sans prendre en compte les besoins réels ou sans réfléchir aux conséquences financières de leurs actions. La Bible met en garde contre ces attitudes, soulignant que toute forme de don ou de générosité qui n'est pas motivée par l'amour est une perte. Il est important d'apprendre à donner avec sagesse et discernement, en cherchant à aider ceux qui en ont réellement besoin et en évitant de se précipiter dans des actions impulsives qui pourraient nuire à notre situation financière.

Si vous réalisez que vous avez une mauvaise gestion financière et que vous souhaitez sortir de la pauvreté, il est essentiel de changer votre comportement et de chercher de l'aide. La Bible encourage les croyants à chercher la sagesse et les conseils des autres, en particulier ceux de confiance tels que des parents, des conjoints ou des amis proches. En suivant des cours sur la bonne gestion financière ou en travaillant avec un conseiller financier, vous pouvez apprendre de meilleures habitudes financières et obtenir des conseils pratiques pour améliorer votre situation financière.

La gestion financière est un sujet important selon la Bible. Elle nous enseigne à dépenser notre argent avec sagesse, à éviter le gaspillage et à donner avec amour et discernement. Si vous vous rendez compte que vous avez des difficultés financières, il est essentiel de changer votre comportement, d'apprendre de meilleures habitudes financières et de chercher l'aide de personnes de confiance pour vous guider dans ce processus. En gérant nos ressources de manière responsable, nous pouvons prospérer et bénéficier des bénédictions de Dieu dans notre vie financière.

5. NE PAS S'ENDETTER

‘‘‘C’est pourquoi le royaume des cieux est semblable qui voulut faire rendre compte à ses serviteurs. Quand il se mit à compter, on lui amena un qui devait dix mille talents. Comme il n’avait pas de quoi payer, son maitre ordonna qu’il fut vendu, lui, sa femme, et ses enfants, et tout ce qu’il avait, et que la dette fut acquittée’’’

Matthieu 18 :23-25 voir Proverbes 22 :26-27

Les personnes qui s'endettent chroniquement se retrouvent souvent piégées dans un cycle sans fin. Même si elles gagnent de l'argent, une grande partie de leurs revenus est utilisée pour rembourser les dettes passées et elles se retrouvent constamment à court d'argent pour les dépenses quotidiennes. Cette situation les empêche de construire un avenir financier solide et de prospérer.

Il est important de prendre conscience de l'impact des dettes sur notre vie quotidienne. Les dettes créent du stress et de l'anxiété, car nous sommes constamment préoccupés par les remboursements et les intérêts. Cela nous empêche de profiter pleinement de la vie et de prendre des décisions éclairées sur notre avenir financier.

La Bible nous rappelle à plusieurs reprises l'importance de gérer nos finances de manière responsable. Dans le cas de la femme dont le mari était décédé avec une dette, elle a fait preuve de sagesse en cherchant l'aide du prophète Elysée. Elle a été récompensée pour sa foi et sa persévérance, et ses fils ont été épargnés de l'esclavage. Rappelez-vous que le créancier voulait prendre ses fils pour esclaves.

Il est essentiel de faire preuve de discipline financière et de vivre selon nos moyens. Cela signifie éviter de contracter des dettes inutiles et de s'endetter au-delà de nos capacités de remboursement. Il est préférable de vivre modestement et de rechercher des alternatives pour satisfaire nos besoins plutôt que de faire face aux conséquences négatives de l'endettement.

Il est important de planifier l'avenir en investissant dans des opportunités qui nous permettront de prospérer et de devenir financièrement indépendants. En se débarrassant des dettes et en adoptant une approche prudente en matière de gestion financière, nous pouvons établir une base solide pour atteindre nos objectifs et réaliser nos rêves.

Les dettes peuvent être un obstacle majeur à l'avancement dans la vie. Il est crucial de prendre des mesures pour éviter l'endettement excessif et de se concentrer sur le développement de bonnes habitudes financières. En suivant les principes de sagesse financière et en cherchant l'aide divine lorsque cela est nécessaire, nous pouvons surmonter les difficultés financières et ouvrir la voie à une vie de prospérité et de richesse véritable.

6. SAVOIR ÉPARGNER

‘‘‘Là, je te nourrirai, car il y a encore cinq années de famine ; et ainsi tu ne périras point, toi, ta maison, et tout ce qui est à toi.’’’

Genèse 45 :11

L’épargne s’avère d’une importance capitale dans la vie de l’être humain. Robert K. défini la richesse comme la capacité à survivre pendant un temps sans revenu.

Les gens qui n’épargnent pas ont plus de chances de tomber dans les difficultés pendant le moment de crise. La vie n’est pas une ligne droite ou rien ne change ou ne courbe, tout n’ira pas toujours comme on le souhaite. Il y a toujours des hauts et des bas, être dans l’abondance ne signifie pas qu’on échappe à la carence de demain, tout peut arriver malgré que personne ne le souhaite.

Il y a une histoire biblique qui l’enseigne bien, le songe de Pharaon interprété par Joseph, que voici en l’interprétation en synthèse. Joseph dit qu’il y aura sept ans d’abondance et puis viendront sept ans de carence, de pauvreté, de manque. Dans ce cas, il n’y avait pas deux solutions car les deux saisons étaient impératives, tout le pays avait commencé à magasiner de quoi sur survivre pendant la mauvaise période.

Les pauvres n’ont pas cette idée en tête, ils préfèrent tout consommer lorsqu’ils trouvent l’occasion suite à la mauvaise interprétation de la

Bible axée sur le verset « mangeons, buvons car demain nous mourons».

Cependant, il est essentiel de comprendre que l'épargne ne se limite pas à une simple précaution pour faire face aux périodes difficiles. Elle peut également être utilisée pour réaliser des projets futurs, tels que l'achat d'une maison, le financement des études ou la préparation de la retraite. En épargnant régulièrement, on se donne la possibilité de concrétiser ses rêves et d'améliorer sa qualité de vie.

De plus, l'épargne permet d'avoir une certaine tranquillité d'esprit. En ayant un fonds d'urgence, on se protège contre les imprévus de la vie tels que les frais médicaux, les réparations de voiture ou la perte d'emploi. Avoir un matelas financier nous permet d'aborder ces situations avec plus de sérénité et de réduire le stress financier.

L'épargne joue également un rôle important dans la construction d'un patrimoine. En investissant judicieusement nos économies, nous pouvons bénéficier d'un rendement et augmenter nos avoirs au fil du temps. Cela peut nous permettre de préparer notre retraite, de transmettre un héritage à nos enfants ou de réaliser des projets de plus grande envergure.

Il est important de souligner que l'épargne ne nécessite pas forcément des montants élevés. Même de petites économies régulières peuvent faire une grande différence sur le long terme. Il s'agit d'une habitude à prendre dès le plus jeune âge, en limitant ses dépenses inutiles et en plaçant une partie de ses revenus de manière intelligente.

L'épargne est un outil précieux pour assurer notre sécurité financière à court et à long terme. Elle nous permet de faire face aux difficultés, de réaliser nos projets et de construire un patrimoine. Il est donc essentiel de développer cette habitude dès maintenant, en faisant preuve de discipline et de persévérance.

7. EVITER LA PARESSE

‘‘‘Celui qui relâche dans son travail est frère de celui qui détruit’’’

Proverbes 18 :9

‘‘‘Tout travail procure l’abondance, Mais les paroles en l’air ne mènent qu’à la disette’’’

Proverbes 14 :23

La résistance est également une qualité essentielle pour réussir dans la vie. Les obstacles et les épreuves font partie intégrante de tout parcours vers la réussite. Les paresseux sont souvent frustrés par les difficultés qu'ils rencontrent et préfèrent abandonner plutôt que de continuer à se battre. Cependant, ceux qui sont résistants continuent à avancer, même lorsque le chemin est semé d'embûches.

Il est important de reconnaître et d'accepter sa paresse. Les paresseux qui ne reconnaissent pas leur état risquent de ne jamais pouvoir changer et d'améliorer leur situation. Trouver de bonnes justifications pour éviter de travailler dur est une attitude dangereuse qui peut mener à une stagnation dans tous les aspects de la vie. Il est essentiel de prendre conscience de sa paresse et de faire un effort pour la surmonter.

Parfois, les paresseux justifient leur inaction en prétendant avoir besoin de beaucoup de repos ou en demandant un salaire plus élevé. Ces excuses ne font que mettre en évidence leur manque de volonté et de détermination. La réalité est que personne ne viendra conquérir la richesse à leur place. Pour réussir dans la vie, il est nécessaire de travailler dur, d'investir du temps et des efforts.

Il est temps pour les paresseux de se réveiller de leur sommeil et de se lever de leur couche. La vie est trop courte pour la passer à dormir ou à se laisser distraire par des futilités. Au lieu de cela, il est essentiel de cultiver la patience et la persévérance. Ces traits de caractère sont indispensables pour accomplir de grandes choses. Même en rencontrant des échecs, il ne faut pas abandonner, mais plutôt multiplier ses efforts et sa détermination.

Il est crucial d'adopter un esprit d'endurance face aux défis. La vie est faite de moments difficiles et compliqués, mais il ne faut pas se décourager. Il est important de persévérer et de continuer à avancer, en multipliant ses efforts pour trouver sa voie. Les vrais visionnaires ne se retirent pas mais restent fidèles à leurs rêves et à leurs objectifs. La résistance et la persévérance sont les clés du succès et de l'accomplissement personnel. Un visionaire qui se retire ne trahit pas, il se trahit. Les paresseux doivent surmonter leur paresse et adopter ces qualités essentielles pour réussir dans leur vie.

8. EPANOUIR LA REFLEXION ET AVOIR UNE VISION

‘‘‘Dieu nous a donné un Esprit qui, loin de faire de nous des lâches, nous rend forts, aimants et réfléchis.’’’

1 Timothée 1 :7

‘‘‘Faute de vision, le peuple vit sans frein ; heureux qui observe la loi’’’

Proverbes 29 :18

L’une des plus grandes erreurs qu’une personne peut commettre c’est manquer une vision, une direction où elle veut aller. La vision nous sert de guide, imaginez que vous avez des travailleurs prêts à tout faire, et faute du guide, ils restent débout en croisant leurs bras.

La même chose se produit dans notre vie, une personne est dotée des capacités cognitives, d’aptitudes physiques et des dons spirituels pour mener à bien sa vie ; quand elle ne vise rien, elle ne sait pas où aller, où ne pas aller, que faire et que ne pas faire.

Quand on manque de vision, on se dirige tout droit vers l’échec, l’échec est garanti car on ne connait pas la direction de la réussite. Une vision peut nous servir de source de motivation et nous donner le désir de continuer et plus la motivation est grande, plus la tache devient moins légère à accomplir.

En développant notre vision, nous devons également apprendre à faire face aux obstacles et aux échecs. Le chemin vers la réalisation de nos objectifs n'est jamais facile et il y aura toujours des défis à surmonter.

Cependant, avoir une vision claire nous donne la force et la persévérance nécessaires pour surmonter ces difficultés. Nous serons capables de transformer les échecs en opportunités d'apprentissage et de croissance, plutôt que d'abandonner simplement lorsque les choses deviennent difficiles.

Une vision nous permet également de prendre des décisions éclairées et de rester focalisés sur nos objectifs à long terme. Lorsque nous avons une direction claire, nous sommes moins susceptibles de nous laisser distraire par des choses superficielles ou des opportunités qui ne correspondent pas à notre vision. Cela nous aide à utiliser notre temps et notre énergie de manière plus efficace, en nous concentrant sur ce qui est vraiment important pour nous.

De plus, une vision nous donne un sentiment de but et de satisfaction personnelle. Lorsque nous avons une vision claire de ce que nous voulons accomplir dans la vie, nous pouvons travailler avec passion et détermination pour atteindre cet objectif. Cela nous donne un sentiment d'accomplissement et de plénitude, car nous avons l'impression d'avoir trouvé notre véritable objectif et notre place dans le monde.

Avoir une vision claire dans la vie est essentiel pour notre succès et notre épanouissement personnel. Cela nous donne une direction à suivre, nous motive et nous permet de prendre des décisions éclairées. Une vision nous permet également de surmonter les obstacles et les échecs, en les transformant en opportunités d'apprentissage et de croissance. En développant une vision et en travaillant activement à sa réalisation, nous pouvons trouver un véritable but et une satisfaction personnelle dans notre vie. Ne sous-estimez jamais le pouvoir d'une vision claire et de l'impact qu'elle peut avoir sur votre vie.

Pour mettre en pratique une vision, il est essentiel de développer des stratégies et des techniques appropriées. Tout d'abord, il est important de protéger cette vision en la gravant profondément en soi. Cela signifie que la vision doit être solidement ancrée dans notre esprit, afin de ne pas être facilement ébranlée par les obstacles rencontrés sur le chemin de sa réalisation.

Cependant, avoir une vision ne suffit pas. Il est crucial d'employer notre cerveau et de penser de manière stratégique pour trouver les moyens de concrétiser cette vision. Il est inutile d'avoir des milliers de projets si nous ne savons pas comment les mettre en œuvre. La capacité de réflexion joue un rôle fondamental dans la transformation des idées en actions concrètes.

Il est intéressant de noter que l'esprit humain est doté de la capacité de réflexion grâce à l'Esprit de Dieu qui est en nous. Cette dimension spirituelle nous permet de développer une réflexion profonde, d'élaborer des plans d'action et de trouver les ressources nécessaires pour atteindre nos objectifs.

Il est donc primordial de reconnaître et de valoriser cette dimension spirituelle en nous. Ignorer l'Esprit de Dieu en tant que source de réflexion serait une erreur. Lorsque nous prenons conscience de cette présence divine en nous, nous sommes en mesure de puiser dans cette sagesse pour développer des stratégies et des techniques adéquates afin de réaliser notre vision.

Pour mener à bien une vision, il est crucial de développer des stratégies et des techniques appropriées. Cela implique de protéger cette vision en la gravant profondément en nous et de faire appel à notre capacité de réflexion pour trouver les moyens de la réaliser. Il est primordial de ne pas négliger l'Esprit de Dieu en nous, qui nous donne la capacité de réfléchir avec sagesse et nous aide à réaliser nos aspirations les plus profondes.

9. LES PAROLES ET L'ENTOURAGE

‘‘‘La mort et la vie sont au pouvoir de la langue ; Quiconque l’aime en mangera les fruits.’’’

Proverbes 18 :21

‘‘‘Ne vous y tromper pas : les mauvaises compagnies corrompent les bonnes mœurs.’’’

1 Corinthiens 15 :33

Les choix que nous faisons en termes de fréquentations sont cruciaux pour notre bien-être émotionnel et mental. Passer du temps avec des personnes positives, motivées et bienveillantes peut influencer notre propre attitude de manière significative. Ces personnes peuvent nous encourager à relever des défis, à atteindre nos objectifs et à avoir une vision optimiste de la vie. D'un autre côté, si nous nous entourons de personnes négatives, critiques et décourageantes, nous risquons de nous sentir démotivés, hésitants et malheureux.

En plus de choisir avec soin nos fréquentations, nous devons également prendre conscience de l'impact de nos propres paroles sur nous-mêmes. Il est facile de se laisser emporter par des pensées négatives et de se parler de manière dévalorisante. Cependant, cela ne fait qu'alimenter un cercle vicieux de frustration et d'auto-sabotage. Au contraire, si nous nous parlons avec bienveillance, en soulignant nos forces et nos accomplissements, nous pouvons renforcer notre confiance en nous et notre sentiment d'auto-efficacité. Cette attitude positive et encourageante ouvre la porte à de nouvelles opportunités et favorise la croissance personnelle.

Il est important de se rappeler que nos paroles ont également un impact sur les autres. Nous avons le pouvoir de bâtir ou de briser quelqu'un avec nos mots. Un simple mot d'encouragement peut avoir un effet profond sur une personne, lui donnant la confiance nécessaire pour poursuivre ses rêves et ses objectifs. À l'inverse, une critique ou une insulte peut avoir des conséquences dévastatrices sur la confiance en soi et l'estime de soi de quelqu'un. En utilisant notre parole pour soutenir et inspirer les autres, nous créons un environnement où chacun est encouragé à se développer et à atteindre son plein potentiel.

Nous devons être conscients du pouvoir de nos paroles et de l'impact qu'elles peuvent avoir sur nous-mêmes et sur les autres. En choisissant d'utiliser notre parole de manière bienveillante et positive, nous pouvons enrichir nos propres vies et celle des autres. Construisons des relations saines et positives, encourageons-nous mutuellement avec des paroles d'encouragement et de soutien, et créons ainsi un environnement où chacun peut s'épanouir et réaliser son potentiel.

10. CONQUÉRIR LE TEMPS

‘‘‘Rachetez le temps, car les jours sont mauvais’’’

Éphésiens 5 :16

Le temps est un concept essentiel qui gouverne notre existence, et il est crucial de comprendre son importance dans notre quotidien. Les personnes âgées regrettent souvent de ne plus avoir autant de temps devant elles, contrairement aux jeunes qui semblent en avoir à revendre. Ces derniers disposent de l'énergie nécessaire pour réaliser de grandes choses et ne se préoccupent pas de l'avenir à court terme.

De nombreuses personnes se lamentent sur leur passé, regrettant les choix qu'elles ont faits ou les opportunités manquées. Elles ne parviennent pas à se libérer du poids de leurs regrets et se laissent enfermer dans leur passé. D'autres, quant à elles, sont terrifiées à l'idée d'affronter l'avenir et se cachent derrière des excuses pour éviter de prendre des risques. Elles préfèrent ne pas agir de peur de tout perdre.

Il est important de rappeler que nous ne pouvons pas changer le passé, ni connaître l'avenir avec certitude. Nous devons donc nous concentrer sur le présent, la seule période que nous contrôlons réellement. Chaque jour nous offre 24 heures, et nous avons tous les mêmes possibilités d'action dans ce laps de temps. Certaines personnes utilisent leur temps efficacement et en font presque mieux que d'autres.

Beaucoup de gens gaspillent leur temps sur les réseaux sociaux, devant la télévision ou en suivant des événements sportifs. Tout cela constitue une distraction inutile qui ne contribue en rien à l'épanouissement personnel. Il est essentiel de prendre conscience de l'usage que nous faisons de notre temps libre et de l'investir de manière productive dans des domaines qui nous apportent réellement du bénéfice dans la vie.

Pensez à tous les moments que vous passez à crier devant un match à la télévision: cela ne changera rien au résultat du match sur le terrain. Il est donc préférable de consacrer ce temps à d'autres activités plus enrichissantes. Vous pouvez lire des livres, cultiver des relations positives, réfléchir à votre avenir de manière constructive, passer du temps avec votre famille, vous concentrer sur vos projets de recherche ou vos découvertes, développer vos talents, envisager de créer votre propre entreprise, lire la Bible ou pratiquer la prière selon vos croyances.

Votre temps de manière judicieuse, vous pourrez accomplir des choses significatives et vous rapprocher de vos objectifs. Profitez de chaque instant pour progresser et vous épanouir personnellement. Ne laissez pas le temps vous échapper, mais faites-en bon usage pour construire votre avenir et vivre pleinement votre vie.

11. SE CONFIER À DIEU

‘‘‘Ne vous inquiétez de rien ; mais en toute chose faites connaitre vos besoins à Dieu par des prières et des supplications, avec des actions de grâce’’’

Philippins 4 :6

En tant que chrétiens, notre objectif principal n'est pas d'être riches, mais de rendre manifeste la gloire de Dieu. Cependant, être riche peut être l'une des conséquences que nous pouvons subir en tant que chrétiens, cela dépend de la volonté de Dieu. La bonne nouvelle est que Dieu a des projets pour chacun de nous, et ces projets sont bons.

Dieu a le pouvoir de tout faire dans nos vies, c'est pourquoi nous ne devons nous inquiéter de rien. Nous devons simplement laisser Dieu manifester sa volonté dans tout ce que nous entreprenons. Une raison pour laquelle certains échouent est qu'ils agissent selon leur propre volonté, sans laisser de place à Dieu dans leurs projets. Seule la volonté de Dieu peut triompher. C'est pourquoi nous devons prier et lire sa parole pour discerner sa volonté.

Quand nous vivons pour Dieu, dans la sincérité et la justice, il nous accorde toutes choses grâce à son amour infini. Un jour, Jésus a dit de chercher d'abord le royaume de Dieu et ses choses, et toutes les autres choses nous seront accordées. Nous devons simplement croire en Dieu et en Jésus.

La Bible va plus loin en nous disant que si nous ne sommes pas bénis, ce n'est pas la faute de Dieu. Ce n'est pas lui qui est incapable de nous bénir, mais ce sont nos péchés qui nous séparent de lui et qui bloquent notre bénédiction. Nous devons éviter le péché et vivre dans la sanctification.

Savez-vous que Dieu est sensible aux actions de grâce ? Il souhaite que nous lui rendions grâce. En Proverbes 3 :9-10, il nous demande de l'honorer avec nos biens et nos prémices, et alors nos greniers seront remplis d'abondance. En Malachie 3 :10, il nous invite à apporter nos dîmes dans leur totalité afin de le mettre à l'épreuve, et il ouvrira les écluses des cieux et nous comblera de sa bénédiction.

Offrir à Dieu, c'est donc épargner dans sa banque.

TABLE DES MATIERES

Printed by Books on Demand GmbH, Norderstedt / Germany